AF335865

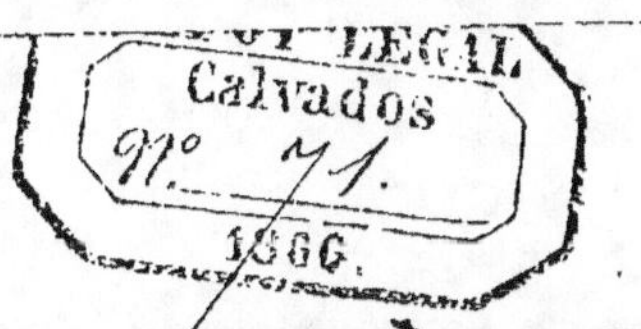

ÉLOGE FUNÈBRE

DE

MGR DIDIOT,

ÉVÊQUE DE BAYEUX ET LISIEUX ;

Prononcé en l'église Cathédrale,

LE MARDI 26 JUIN 1866,

PAR M. L'ABBÉ GERMAIN,

CHANOINE HONORAIRE, AUMÔNIER DU LYCÉE IMPÉRIAL DE CAEN.

CAEN,

CHÉNEL, LIBRAIRE DE MGR L'ÉVÊQUE DE BAYEUX ET LISIEUX,
Rue Saint-Jean, 16.
—
1866.

APPROBATION.

Nous, Vicaire capitulaire du diocèse de Bayeux, autorisons M. l'abbé GERMAIN, aumônier du Lycée de Caen, à faire imprimer et publier l'Oraison funèbre de Monseigneur Didiot, qu'il a prononcée à la Cathédrale, le jour des obsèques du vénérable Prélat. Nous le félicitons de l'éloquence avec laquelle il a retracé les vertus dont ce pieux Évêque donna constamment l'exemple, et nous le remercions, au nom du Diocèse et au nôtre, d'avoir ainsi consacré la mémoire d'un Pasteur cher à tous, mais surtout à ceux qui le connurent d'une manière plus intime.

Bayeux, le 5 juillet 1866.

A. NOGET-LACOUDRE,

Vicaire-général capitulaire.

ÉLOGE FUNÈBRE

DE

MGR DIDIOT,

ÉVÊQUE DE BAYEUX ET LISIEUX ;

Par M. l'Abbé GERMAIN,

Chanoine honoraire, Aumônier du Lycée impérial de Caen.

Magnifice sapientiam tractabat.
Il possédait la sagesse avec magnificence.
2ᵉ liv. des Machab., ch. 2. v. 9.

ÉMINENCE (1),

MESSEIGNEURS (2),

MESSIEURS (3),

Lorsqu'un ministre des autels, dont les lèvres doivent être les gardiennes sévères et les dépositaires fidèles de la vérité, est appelé à prononcer, du haut de la chaire sacrée, les louanges d'un grand du monde, sa tâche n'est pas toujours sans difficulté. Le héros de cet éloge, quelque grand qu'on le suppose aux yeux des hommes, est quelquefois bien petit aux yeux de Dieu. Si, pendant sa vie, il fut doué du courage qui fait les héros, trop souvent peut-être il connut les faiblesses qui dégradent l'humanité. S'il eut pour partage la prudence du monde, ne manqua-t-il pas de cette simplicité chrétienne, de cette droiture évangélique qui constitue la véritable grandeur ? En un mot, Messieurs, Dieu et la Religion ont ordinairement une si faible part dans la vie des hommes du siècle, que rarement on peut les louer sans réserve en présence des autels. Cet embarras, je

---

(1) Mgr de Bonnechose, cardinal, archevêque de Rouen.

(2) NN. SS. les évêques de Coutances et Avranches, et de Sinopolis.

(3) M. le premier Président, M. le Préfet, M. le Général, M. le Recteur, M. le Procureur-Général et toutes les autorités du Département ; en outre plus de 500 prêtres, venus des divers points du Diocèse.

suis loin de l'éprouver en ce moment. En louant l'Evêque qui, avant d'aller prendre possession de son dernier asile, vient se reposer un instant aux pieds de son Dieu, dans cette basilique qu'il a tant aimée, au milieu de ce Clergé dont il était si fier, devant un prince de l'Eglise qui porte si noblement l'honneur de la pourpre romaine, et qui sait défendre avec une si ferme éloquence, au sein du premier corps de l'Etat, les droits sacrés du Saint-Siége; devant ces évêques, ces magistrats, ces honorables représentants de l'autorité civile qui, par leur présence, attestent jusqu'à la fin comment ils ont apprécié le Prélat qui n'est plus; en louant, dis-je, mon Evêque devant cette nombreuse et illustre assemblée, j'aurai des vertus vraies, des vertus réelles à vous dire. Je n'aurai pas à craindre surtout que ma parole, par ses artifices, profane la chaire de vérité. Non; sur cette tombe, la louange ne saurait être difficile. Car ici, Messieurs, il n'est pas nécessaire d'être éloquent, il suffit d'être vrai; et le plus bel éloge qu'on puisse faire de notre premier Pasteur, c'est de dire avec simplicité ce qu'il a fait, de montrer ce qu'il fut.

Mais que dis-je? Le monde a-t-il connu ses vertus? Le monde a-t-il apprécié sa vie? Il y a des fleurs éclatantes qui, dès le premier aspect, provoquent et attirent les regards, captivent les yeux et ravissent l'admiration; mais il y a des fleurs modestes, des fleurs timides et cachées que le regard distrait du passant n'aperçoit pas. Il faudrait s'approcher, s'incliner même pour saisir leur éclat et leur parfum : la légèreté l'emporte, et pour beaucoup hélas! l'ignorance est plus commode que le discernement. Pour nous, en ce jour de la mort, qui est le jour de la justice et de la manifestation, approchons-nous de cette vie éteinte, mais dont les vertus sont vivantes devant Dieu et devant les hommes. L'heure est venue que le voile qui les dérobait se déchire, et qu'elles apparaissent aux yeux de tous, ce qu'elles furent aux yeux de quelques-uns seulement. Oui, ô Pasteur bien aimé, ceux qui vous ont connu, ont connu aussi la tendresse et la grandeur de votre âme : et c'est à eux surtout de proclamer ce que fut en vous l'*homme* d'abord, et ensuite ce que fut l'*évêque*.

Ce que fut l'homme, ce que fut l'évêque, les paroles de mon texte vous l'ont indiqué déjà. Il possédait la sagesse et il la possédait avec magnificence: *Magnifice sapientiam tractabat*. Pour le démontrer, je voudrais trouver aujourd'hui la magnificence de parole et de sagesse que nous admirions en lui. Mais, je le sais, en me confiant cette charge redoutable, le vénérable Chapitre a oublié ma faiblesse pour ne voir que mon affection ; et c'est elle qu'à défaut d'éloquence, je voudrais faire parler dans ce discours consacré à la mémoire de l'illustrissime et révérendissime Père en Dieu, MONSEIGNEUR CHARLES-NICOLAS-PIERRE DIDIOT, évêque de Bayeux et Lisieux, assistant au trône pontifical, comte romain, membre du Conseil académique, chevalier de la Légion-d'Honneur.

I.

Au sein de cette antique Lorraine qui a donné à la patrie tant de héros, à l'Église tant de saints et tant de défenseurs, non loin des bords de la Meuse, naissait, le 26 juin 1797, l'enfant dont Dieu devait faire plus tard un prince de l'Église. Notre évêque reçut le jour de parents honorables, riches surtout des sentiments de la foi. Il eut pour premier maître un de ces prêtres vénérés (1) qui, durant les jours mauvais de la Révolution, méprisant les tourments et la mort, restèrent intrépidement à la garde de leur troupeau. Au souffle de cette âme héroïque, la piété de l'enfant se développa bientôt. Ce fut à une telle école qu'il puisa cette foi vive, cet amour de la sainte Église qui ont été l'âme de sa vie tout entière. Placé de bonne heure au petit séminaire de Verdun, il se fit rapidement distinguer par son aptitude merveilleuse à tous les genres d'études. Le Diocèse de Verdun, déshérité de son siége quinze fois au moins séculaire, faisait alors partie du diocèse de Nancy. C'est dans cette dernière ville, à l'ombre de Notre-Dame-de-Bon-Secours, si chère à tout cœur lorrain, que l'élève du sanctuaire fut initié à la science théologique, et qu'il soutint la brillante réputation de ses jeunes années. Ses études

(1 M. l'abbé Gobert, curé d'Esnes, mort chanoine de la cathédrale de Verdun. — Son élève, du reste, lui témoigna constamment la plus vive reconnaissance, comme le prouvent ces lignes qu'écrivait plus tard à l'évêque de Bayeux un ancien confrère : « Vous aviez toujours tant vénéré la vieillesse ; » vous aimiez tant votre bonne mère ; vous aviez si vrai, si profond respect, » si filiale tendresse pour M. Gobert, ce confesseur de la Foi, qui prie main- » tenant au Ciel pour celui dont il guida les jeunes ans. »

furent terminées avant l'âge, et il dut attendre l'heure du sacerdoce dans les fonctions laborieuses du professorat. Pendant trois années, il enseigna les humanités au petit séminaire de Verdun. Rien ne convenait mieux à la trempe de son talent : aussi, tout en fortifiant son instruction littéraire, forma-t-il des élèves qui ont gardé de lui le meilleur des souvenirs, celui du cœur, et qui aujourd'hui, mêlant leurs larmes aux nôtres, pleurent dans sa personne un maître admiré sans doute, mais plus encore un père tendrement aimé.

Ordonné prêtre en décembre 1821, le jeune professeur fut appelé au vicariat de Commercy. — Commercy garde maintenant encore le souvenir de sa bonté, de son dévoûment et surtout de ses prédications, où brillaient déjà la pureté du style, la sagesse, l'élévation des pensées, qualités qui devaient grandir avec l'âge, et qui faisaient vraiment oublier chez lui le défaut d'action oratoire.

Nommé en 1824 à la succursale de Buxières, M. Didiot sut employer admirablement les loisirs que pouvait lui laisser le ministère des âmes ; et par ses études personnelles, et par des conférences fréquentes avec deux prêtres aussi savants que pieux, il élargit considérablement le cercle de ces connaissances théologiques et littéraires, dont notre Diocèse devait recueillir dans la suite les fruits à jamais précieux. Aussi quand, en 1828, il fut appelé à la succursale de Saint-Etienne de Saint-Mihiel ; quand surtout, un an plus tard, à peine âgé de trente-deux ans, il fut nommé à l'importante cure de Saint-Michel de la même ville, la Providence le trouva prêt : si jeune qu'il fût, il arrivait à ce poste éminent avec toute la maturité du talent, du savoir et de la vertu.

Cependant les jours de 1830 étaient venus. Au milieu du trouble et de l'agitation des esprits, le curé de Saint-Mihiel fit éclater son tact, sa prudence et la rectitude de son jugement ; calme dans la tourmente, il se montra tout-à-la-fois, pour ses frères dans le sacerdoce, et sage conseiller et courageux défenseur.

La ville de Saint-Mihiel posséda cinq ans seulement le pasteur bien aimé dont elle se faisait gloire ; et aujourd'hui, après trente-deux ans d'absence, ses habitants n'ont qu'une voix pour redire encore « la douceur et l'aménité de ses mœurs, la noblesse de son » caractère, l'extrême bonté de son cœur à l'égard de tous, des petits » surtout, son éloquence onctueuse et persuasive, et pour tout dire

» en un mot, cette charité sans bornes » dont il fut animé jusqu'au dernier souffle.

En 1834, Mg^r Valayer, évêque de Verdun, fit appel au dévoûment et aux lumières du jeune curé de Saint-Mihiel, et le nomma supérieur de son grand séminaire. Dans les circonstances difficiles où cet appel fut fait, c'était demander un sacrifice dont M. Didiot, plus que personne, comprenait l'étendue, mais qu'il sut généreument accomplir. Dès le premier jour, il se montre à la hauteur de ses délicates fonctions, imprime aux études une impulsion nouvelle, et, par ses exemples plus encore que par sa parole, il sut initier les jeunes élèves aux fortes et douces vertus du sacerdoce.

Le digne supérieur remplissait depuis trois ans son importante mission, quand le choix de son évêque vint le placer à la tête du clergé de Verdun, en l'élevant à la dignité de premier vicaire-général. La Providence avait ses desseins ; elle le conduisait lentement, mais sûrement, au sommet de la hiérarchie sacrée. Dans ces nouvelles fonctions que M. Didiot exerça pendant dix-neuf ans, il sut déployer toutes les qualités de l'administrateur : un jugement droit et sûr, un esprit fin et observateur, une science justement admirée, un cœur réchauffé, comme celui de saint Paul, dans le cœur de Jésus-Christ. Ses qualités furent telles en un mot qu'on a pu dire de son administration : « Elle a fait l'honneur du clergé, la gloire de l'église de Verdun et le bonheur des populations. »

Le moment vint enfin où l'estime publique, qui depuis si long-temps le désignait pour l'épiscopat, allait recevoir une éclatante satisfaction. Le 7 avril 1856, M. Didiot fut appelé à l'évêché de Bayeux.

Si nous prêtons l'oreille aux échos qui nous sont venus de l'autre extrémité de la France, de ce diocèse de Verdun auquel nous attache maintenant un lien sacré, celui de la reconnaissance, l'expression si complète, si enthousiaste des regrets d'un Clergé tout entier (1), nous apprend déjà ce que fut comme homme, celui

_____

(1) Ces regrets, toujours vivants, étaient éloquemment attestés par la présence aux Obsèques, de MM. Tripied, archiprêtre de Commercy ; Beaumont, curé d'Esnes ; Verjus, curé de Monzéville ; Didiot, directeur au grand séminaire de Verdun.

qui devenait notre évêque. Mais qu'avons-nous besoin de ces regrets ? Etudions l'homme que nous avons connu.

Ce qui fait l'homme, Messieurs, vous le savez tous, c'est l'intelligence, c'est la volonté, c'est le cœur.

L'intelligence du Prélat que nous pleurons, eut pour premier caractère la facilité, parce que le fonds en était riche et, pour ainsi dire, inépuisable. C'était une lampe à laquelle l'huile ne manqua jamais, une lampe qui brillait à peu de frais, et comme sans effort. Il traitait pour ainsi dire en se jouant, toutes les questions, parce qu'il s'était fait de la méditation et du travail intellectuel, une forte et puissante habitude. Les sciences ecclésiastiques, la littérature, l'histoire surtout, l'histoire de l'Eglise et du pays, lui étaient familières ; et jamais rien ne fut vulgaire ni banal dans cette facilité. Au contraire, il aimait à étudier et à considérer les choses à leur point de vue le plus élevé ; il aimait à gravir les sommets, afin de donner à son esprit une perspective plus large et un plus vaste horizon. Il fut un de ces hommes, comme il y en a trop peu, mais qui suffisent pour montrer toujours, que la science de Dieu, loin de rétrécir ou de rabaisser le regard de l'intelligence, l'agrandit et l'élève. C'est que la religion, bien comprise, est une base aussi haute qu'elle est ferme et inébranlable. Elle repose sur le sol de la vérité, et elle permet à l'homme qui s'y est établi, de voir haut, et de dominer ces intérêts vulgaires, dans lesquels se complaît le commun des hommes, avec un aveuglement tel qu'ils ne voient rien au-delà. Ecoutez plutôt notre éloquent Evêque ; car j'aime à tromper ma douleur en le faisant parler, et en répétant au milieu de vous, avec une autorité que la mort a rendue plus auguste, des enseignements d'un éternel à propos. Traitant de la nécessité du catéchisme pour les petits enfants, il déclare que l'Eglise, loin d'être hostile au progrès des sciences, y applaudit au contraire ; qu'elle ne veut qu'une chose: empêcher les peuples de retourner à la barbarie par les excès mêmes de la civilisation , et il ajoute : « L'une
» des erreurs les plus dangereuses de ce siècle, c'est d'avoir trop
» souvent placé la civilisation dans les jouissances du luxe, les
» développements de l'industrie, et d'avoir ainsi méconnu la vraie
» grandeur de l'homme, qui consiste avant tout dans la noblesse
» de l'âme. La vraie civilisation des peuples, quoi qu'on fasse, ne
» sera jamais que dans la perfection des lois, la sainteté des mœurs,

» le progrès des vertus publiques, dans la charité, le respect des
» autres et de soi-même ; tout le reste n'est qu'un vêtement d'em-
» prunt, qu'un vernis trompeur qui peut recouvrir la barbarie la
» plus profonde. »

Et en parlant ainsi, notre Evêque cédait au penchant habituel
de sa pensée, qui le portait à rechercher et à poursuivre dans les
vérités religieuses, les points si nombreux qui les rattachent à l'in-
térêt social ; de sorte que cette science dont je vous parlais tout à
l'heure, ne se séparait jamais de l'amour profond qu'il avait pour
l'humanité, mais surtout pour la patrie française : car il fut aussi bon
citoyen que grand évêque. Sa parole n'était jamais mieux inspirée
que lorsqu'il s'agissait pour lui d'associer les lumières de l'Evangile,
d'associer l'Eglise à quelque grand travail accompli pour le bien
être de nos contrées. Vous vous souvenez, Messieurs, de la magnificence de langage que notre Evêque déploya, lors de la bénédiction
du canal de Caen. En l'entendant, chacun de ses prêtres se sentait
fier d'un tel chef ; et parmi les représentants de l'autorité civile,
parmi les magistrats et les guerriers présents à la cérémonie, il
n'y eut qu'un sentiment à la fois religieux et patriotique, le sentiment de l'admiration.

Il était heureux dans ces grandes journées, non pas d'un succès
d'amour-propre, succès qu'il dédaigna toujours, mais d'une autre
victoire, ou plutôt d'une autre alliance, alliance éternellement dé-
sirable et féconde, celle de la religion et de la science ; car ce fut
là encore la grande préoccupation de cet esprit si juste, si élevé.
Ce qu'il poursuivait par dessus tout, c'était cet accord, cette
harmonie de la religion et des connaissances humaines : il ne crai-
gnait pas que la science montât trop haut. Au dessus de ses sphères
les plus élevées, Dieu lui apparaissait dans sa radieuse majesté,
encourageant et bénissant les efforts, les progrès d'une intelligence
qui n'est après tout qu'un reflet de la sienne propre. Et ici même,
en posant la première pierre des magnifiques piliers qui raffermis-
saient, dans cet édifice, un miracle de la foi et de l'art chrétien,
vous l'avez entendu proclamer cette sublime vérité : « C'est de
Dieu qu'émane toute conception grande et généreuse, de Dieu qui
s'est déclaré lui-même le maître souverain des sciences, de Dieu
qui est l'inspirateur des belles œuvres et des grandes pensées. »

Du reste, tous ces caractères de sa magnifique intelligence, la facilité, l'ampleur, l'élévation, les grandes formes de l'éloquence, nous les retrouvons dans ce mandement qu'on peut appeler son chef-d'œuvre, oui le chef-d'œuvre de l'intelligence et du cœur d'un apôtre : j'ai cité le mandement sur la Propagation de la Foi. On ne sait ce qu'il faut y admirer le plus, ou la beauté des pensées et des sentiments, ou les riches aperçus d'une science lumineuse, ou le nerf, la clarté, la noblesse du style, avec cette chaleur de l'âme se répandant au-dehors, et communiquant au loin les aspirations de la foi, les élans de l'espérance, l'héroïsme des conquêtes, des conquêtes qui ne coûtent d'autre sang que celui de nos martyrs. Je n'insiste pas ; tous d'un commun accord, d'une seule voix, vous rendez hommage à l'Evêque qui traita la parole de Dieu avec tant de magnificence. *Magnifice sapientiam tractabat.* Vous partagez l'admiration que j'exprime ici d'une manière trop imparfaite.

Pontife vénéré, pardonnez-moi de faire ainsi violence à votre modestie, vous qu'un éloge embarrassait, alarmait, vous enfin qui aviez besoin qu'on vous défendît contre la défiance de vous-même et de vos forces. L'un de ceux qui vous ont bien connu, écrivait un jour à l'ancien condisciple devenu évêque : « Il faut que vous ayez conscience des talents que vous avez reçus, puisque vous avez à les faire valoir. Le Seigneur n'a pas voulu vous tendre un piége. » Et ce prêtre invoquait la conscience des amis qui avaient connu notre Evêque avec discernement, et qui s'applaudissaient de l'avoir admiré sans jalousie. Sans jalousie ! je le comprends, pour un homme dont la modestie égala toujours le talent.

Mais je le sais : l'intelligence, si brillante qu'elle soit, ne suffit pas à l'homme investi du gouvernement d'un diocèse. Il lui faut la volonté. Or, notre Evêque préparait le bien avec une sage lenteur, pour l'exécuter ensuite avec une prudente énergie. Pas une œuvre ne fut entreprise par lui, qui n'ait été couronnée de succès.

Il pouvait paraître hésitant. — S'il hésitait, ce n'était pas pour accomplir la résolution prise. Mais avant de prendre cette résolution, il avait vu toutes les difficultés ; il avait embrassé toutes les faces de la question ; il avait surtout mesuré, peut-être même jusqu'à l'excès, la grandeur de sa propre responsabilité. Et, Messieurs, pour qui sait comprendre, d'une part la faiblesse de la nature humaine, de l'autre cet immense fardeau de l'épiscopat, qui donc oserait l'accuser d'hésitation ? L'hésitation dans un esprit si clairvoyant, ne fut-elle pas réellement une vertu? Du reste, quand le devoir lui commandait de parler, vous savez, Messieurs, s'il a gardé le silence. Vous savez si, dans les circonstances difficiles que nous avons traversées, que nous traversons encore, il a failli jamais à l'appel de la conscience et du devoir, si l'Eglise et la papauté ne l'ont point compté parmi leurs plus fermes défenseurs. Sa fermeté toutefois, hâtons-nous de le dire, n'exclut jamais la modération. Administrateurs qui l'honoriez de votre confiance, et qui lui rendiez du reste, il aimait à le proclamer lui-même, le fardeau si doux et si léger; hommes d'élite placés à la tête du pays, qui saviez apprécier son caractère loyal aussi bien que son esprit conciliant, vous lui rendrez cette justice qu'il ne sacrifia jamais un des grands intérêts confiés à sa garde, et que, s'il ne put faire triompher toujours ce qu'il croyait être le droit, du moins il le défendit jusqu'aux dernières limites; mais vous reconnaîtrez aussi qu'il ne les dépassa jamais. Homme du devoir avant tout, il ne fut jamais homme de passion ni de parti; esprit judicieux et large, il comprenait son temps. Pas un moment, dans les dix années si remplies de son épiscopat, il n'a cessé d'aspirer à l'accord de son administration avec les pouvoirs civils. A son arrivée parmi nous, le modéré pontife déclarait en termes éloquents, qu'il voulait travailler avec ces pouvoirs, à restaurer sur la base des croyances religieuses, l'ordre social ébranlé par de si terribles secousses. Pour lui, le plus grand service rendu à la France en nos temps si troublés, ce n'était pas précisément d'avoir dompté l'anarchie, mais d'avoir rendu à l'autorité sa force, au pouvoir sa dignité. Et son respect pour l'autorité civile, il le puisait aux sources les plus hautes, à la source même où le puisait saint Paul : *Non est potestas nisi a Deo.* Tout pouvoir vient de Dieu. C'est ainsi que, sous tous les aspects où il se présente à nous, toujours nous retrouvons la grandeur de sa sagesse. *Magnifice sapientiam tractabat.* Au dessus des questions de personne, il voyait dominant tout, ce grand principe d'autorité sans lequel tout chancelle dans le monde; et de même qu'il gardait en lui, avec un religieux respect, cette part d'autorité sacrée qu'il avait reçue de Dieu, de même, encore une fois, il professait un respect profond pour tout dépositaire de l'autorité. D'ailleurs, il exerçait la sienne avec une paternelle modération. Avait-il à reprendre? L'indulgence, nous empruntons ses propres paroles, l'indulgence était toujours son premier essai ; il ne laissait la justice reprendre ses droits, qu'après avoir épuisé toutes les ressources de la miséricorde ; comme la Providence dont il était l'image, il gouvernait avec douceur et fermeté. *Suaviter et fortiter.*

Esprit élevé, volonté prudente et ferme, Mgr Didiot fut encore un cœur délicat et généreux. Voulez-vous, Messieurs, connaître ce cœur caché sous des apparences froides et austères ? Il nous en livre lui-même les secrets par ses paroles et par ses actes. Le jour où, pour la première fois, il prit possession de cette chaire, voici comment il définissait lui-même le cœur d'un évêque : « L'Evêque » se doit tout entier à ses enfants. Il faut qu'il soit plein d'une » tendre compassion pour toutes les misères, d'une douce indul- » gence pour toutes les faiblesses. Il faut qu'un parfum de charité, » un baume de miséricorde et d'amour s'exhale de toutes ses » expressions. A dater du jour où il a reçu la charge pastorale, il » n'est plus, dans sa vie, un instant qui n'appartienne à son peuple. » Sa force, sa santé sont le patrimoine de son troupeau. Il cessera » d'être Pasteur, du moment où il cessera d'être l'homme du dé- » voûment et du sacrifice. »

A travers ces paroles, vous avez entrevu déjà les richesses de son cœur : voyez-les maintenant dans le plein jour de ses actes. A Verdun, il s'était montré libéral comme s'il fût né dans l'opulence ; évêque de Bayeux, il ne démentira pas cette noblesse de sa nature généreuse. Il possède au plus haut degré l'intelligence de l'aumône ; il en connaît toutes les délicatesses. Vous le savez par une expé- rience de dix ans, pauvres de cette ville, objets de sa tendre et inépuisable charité, vous du reste que j'ai vus, pendant ces tristes jours, dans la chapelle mortuaire, mêler votre deuil, votre morne tristesse, vos prières et vos larmes de reconnaissance à la douleur de tous ! De cette main épiscopale qui voulait rester inconnue, les pauvres convalescents recevaient chaque jour l'aliment et le soutien de leur faiblesse ; et les ministres de cette touchante charité, c'étaient les sœurs, je me trompe, les anges de la Miséricorde. Les vieillards, à leur tour, avaient leur part de la table de l'évêque, et la part, j'ose le dire, la plus maternelle. Car le charitable Prélat, au milieu des honneurs qu'il savait si bien faire à d'éminents ou notables convives, ne quittait ni de la pensée, ni du cœur cette portion du troupeau.

la plus chère au cœur du Christ, les pauvres ; les pauvres auxquels toujours il faisait parvenir, non pas seulement le pain nécessaire, mais, comme il le disait lui-même, *quelques petites douceurs*. En ces jours solennels où il officiait dans sa basilique, il voulait qu'il y eût aussi fête et joie à ce foyer de l'indigence, trop souvent hélas ! froid et désolé ; et quand chaque année, à l'Epiphanie, le Clergé de Bayeux réuni à la table de son Evêque, saluait le roi de la fève, le Prélat, vraiment père, voulait que la table des pauvres eût aussi sa royauté. Pieuses filles de S. Thomas de Villeneuve, dites-nous avec quelle constante sollicitude il s'appliquait à soulager, je ne dis pas assez, à prévenir les besoins de l'infortune! O pauvres, il vous aima, il vous aima tendrement pendant sa vie, il vous aima jusque dans la mort. Écoutez ces paroles que j'emprunte à l'acte de ses dernières volontés. « En ce qui concerne les pauvres, qu'un évêque » ne saurait oublier, j'ai fait connaître mes dispositions. Malheu- » reusement elles ne répondent pas à mes désirs ; j'ai dû les su- » bordonner à l'état de ma fortune, au moment de mon décès. »

Ce cœur de notre Evêque, il n'était pas seulement généreux ; il était vraiment riche des trésors de l'affection. Mais pour qu'il s'enhardît à découvrir ces trésors, il fallait qu'il rencontrât un cœur sympathique. Un de ces cœurs qui l'avaient bien connu, le disait, la veille de son sacre, aux vénérables délégués du Chapitre de Bayeux : « Oh! vous l'aimerez bien, n'est-ce pas? Il faudra l'aimer ; il en est si digne : mais surtout, ayez soin de lui dire que vous l'aimez ! » En effet quiconque a aimé Monseigneur, et lui a laissé voir ce sentiment, s'est vu largement payé de retour. Oh ! s'il m'était permis de révéler ici les secrets de cette intimité épiscopale, le charme de ces familiers entretiens, où le Prélat apportait et permettait le plus affectueux abandon ! S'il m'était permis de divulguer quelque chose de ces lettres dans lesquelles il versait les trésors de son cœur ! — Un de ses Prêtres qui avait à le consulter aux approches du nouvel an, se hasarda, en terminant sa lettre, à offrir à Sa Grandeur ses souhaits pour l'année qui allait commencer. Puis, craignant d'avoir franchi les limites du respect, il s'excuse aussitôt ; et l'Évêque ému lui répond : « Rassurez-vous sur vos sentiments à mon égard. Ce » que j'en aime et apprécie, c'est le côté affectueux. Le respect pour » un évêque manque rarement ; quand il rencontre sur sa route » un sentiment plus doux, il en est doublement heureux. Croyez

» à ma réciprocité sincère. » J'ai lu, Messieurs, le cœur ému, les larmes dans les yeux, ces lettres de mon Evêque, de cet Evêque si froid en apparence, mais laissant voir à distance ce que, plus près, une sorte de timidité, j'oserais dire de pudeur instinctive l'empêchait de dévoiler. O Pasteur bien-aimé, d'autres admireront dans vos écrits le docteur ; d'autres célébreront votre intelligence, votre modération, votre tact : pour nous, vos enfants de prédilection, nous voulons garder surtout le souvenir de votre tendresse, de cette douce familiarité à laquelle vous teniez bien plus qu'au respect. Et, en ce jour de si cruelle douleur pour vos enfants, penchés sur votre cercueil, laissez-nous vous le dire : Ce que nous pleurons avant tout, ce n'est pas cette vive lumière qui a cessé de briller, mais bien ce cœur de Père qui a cessé de battre.

Voilà, Messieurs, l'homme dont vous venez honorer la mémoire. Je le sais : on lui a reproché de n'être pas homme du monde. Disons-le franchement : esprit sérieux et timide, il n'aimait pas le monde, parce que le monde l'enlevait aux devoirs essentiels de sa charge, parce qu'il se trouvait mal à l'aise au milieu de ses frivolités. Ceux-là du reste, et ils ne sont pas aussi rares parmi nous qu'on pourrait le penser, qui cherchent dans les relations sociales autre chose qu'un passe-temps futile, n'ont pas tardé à reconnaître la vérité de cet éloge qui lui fut adressé, du haut de la chaire, au jour de son sacre : « Il vivait dans ce Diocèse, disait l'orateur, il vivait connu partout, estimé partout, familier avec les petits, honoré par les grands, affable envers tous, et ne pouvant passer nulle part sans y laisser un souvenir et comme un parfum de son cœur. »

Est-il besoin d'ajouter quelque chose à cet éloge si délicat et si vrai ? Aussi, je ne veux plus qu'ajouter un mot, celui qu'écrivait à l'évêque nommé de Bayeux, Son Excellence M. Fortoul, alors ministre de l'instruction publique et des cultes. « En vous propo-
» sant au choix de sa Majesté, j'ai été heureux de rendre hom-
» mage à toute une vie d'honneur et de travail ; et je suis assuré
» d'avoir rendu un aussi grand service à la cause de l'Eglise qu'à
» celle de l'Etat. »

Comme homme, celui que nous pleurons a donc admirablement possédé la grandeur de la sagesse : *Magnifice sapientiam tractabat.* Il ne l'a pas moins possédée comme évêque : nous le verrons dans une seconde partie.

II.

Evêque en effet, Mg^r Didiot se montra puissant en vertus et puissant en œuvres.

Dans ce diocèse de Verdun, si longtemps témoin de ses travaux et de sa vie, il avait été un modèle de piété, modèle d'autant plus parfait que pour lui, la piété c'était l'accomplissement de tous les devoirs. Sa vie, comme l'eau du ruisseau, coulait pure, active et réglée dans son cours. Il ne faisait pas ostentation de ferveur : la simplicité, la modestie en tout, telle était sa devise. Mais, pour être simple, sa piété n'en était que plus sincère et plus profonde. Nous l'avons vu du reste au milieu de nous ; et, pendant les trop courtes années de son épiscopat, il n'a cessé de nous édifier par son amour pour la divine Eucharistie, sa tendre dévotion pour la sainte Vierge, son culte pieux pour les morts.

Avec quel respect, ou plutôt avec quelle terreur il s'approchait des augustes mystères, tremblant, dans une délicatesse de conscience qui allait jusqu'à l'apparence du scrupule, tremblant de ne pas être assez pur pour se présenter à l'autel ! Dans les labeurs d'une vaste administration, alors qu'il prenait héroïquement tout le fardeau pour lui-même, il se levait régulièrement avant l'heure, se fortifiait par l'oblation de la sainte Victime, afin de porter ensuite aux affaires une âme plus vigoureuse, un esprit plus éclairé. Plus tard, quand vint l'épreuve de la maladie, le principal objet de sa préoccupation, c'était la crainte de ne pouvoir continuer à célébrer chaque jour les saints mystères, tant il avait frayeur, malgré son immense désir, de ne pas les traiter dignement. Ce n'était pas assez pour lui de réclamer l'assistance, et, pourquoi ne pas le dire? puisque telle était sa pensée, la surveillance d'un prêtre : pour préparer sa langue devenue indocile et rebelle, sa piété craintive poussait la précaution jusqu'à relire et prononcer plusieurs fois, avant de monter à l'autel, toutes les paroles de la sainte liturgie. Quand venait la nuit, après une longue journée de fatigue et d'affaires, c'était dans le secret du sanctuaire qu'il allait chercher la paix de l'âme et le rafraîchissement du repos. Un soir, il y a quelques mois seulement, Monseigneur venait d'apprendre la mort foudroyante d'un illustre Evêque : cette mort lui rappelait trop éloquemment la nécessité d'être toujours prêt. Il se rend à sa chapelle; la place où il a coutume d'adorer le Saint-Sacrement, lui paraît trop éloignée ; il sent le besoin de s'approcher de l'autel ; il veut descendre ; mais ses jambes affaiblies trahissent l'ardeur de ses désirs ; il tombe. Anges qui veillez auprès du tabernacle, vous le reçûtes dans vos bras ! Vous offrites à Dieu sa prière ! Vous lui avez obtenu de n'être pas surpris par la mort, et vous avez procuré aux enfants cette immense consolation, dans leur vive douleur, d'avoir vu leur Père, au moment suprême, fortifié par tous les secours de la religion ; de l'avoir vu couronner la régularité d'une sainte vie par la sérénité d'une sainte mort.

C'était l'amour pour l'Eucharistie qui portait notre Évêque à étudier, à rechercher jusqu'aux moindres détails des cérémonies religieuses. Vous vous souvenez, vénérés confrères, de la sollicitude avec laquelle, dans chacune de ses visites pastorales, il inspectait le mobilier sacré, voulant que tout ce qui approche de l'autel fût digne de la grandeur de nos divins mystères. C'est parce qu'il aimait l'Eucharistie que, dans cette magnifique enceinte, comme dans tout son diocèse, il encourageait si puissamment la réforme des chants liturgiques, la dignité du culte et la splendeur des cérémonies. C'est enfin parce qu'il aimait l'Eucharistie, qu'il accueillit avec tant de bonheur cette œuvre admirablement féconde des Tabernacles, qui a tant fait déjà, parmi nous, pour la gloire du Dieu des autels.

Mais si notre saint Évêque aimait le Fils, pouvait-il ne pas aimer la Mère? — Dès son arrivée parmi nous, il proclamait que le culte de Marie avait été le culte de sa jeunesse et de sa vie tout entière. « Vous savez, disait-il, ô Vierge divine, s'il s'est démenti » un seul jour de notre vie, l'amour filial que, bien jeune encore, » nous vous avons voué comme à une mère, et que vous avez payé » de si abondantes consolations. » Plus tard, nous retrouvons la touchante expression de cet amour dans la fidélité, je dirais presque naïve, avec laquelle le Pontife gardait par écrit le souvenir des jours où il avait pu réciter, outre le bréviaire, le petit office de la Sainte-Vierge, et cela dans les moments les plus laborieux de son épiscopat. À son premier voyage de Rome, il se rend, avec tout l'empressement de la piété filiale, à Notre-Dame de Lorette. De cette maison bénie, spontanément il reporte sa pensée vers cet autre sanctuaire chéri du diocèse de Bayeux; et, comme pour satisfaire une sainte jalousie, il sollicite avec instance, et obtient que Notre-Dame de la Délivrande soit associée aux priviléges et prérogatives de Notre-Dame de Lorette. — Sa dévotion envers Marie, il nous l'a redite en des pages éloquentes qui en demeureront, dans nos annales diocésaines, le vivant et durable monument. Que dis-je? Il l'a fait éclater ici même, dans cette chapelle qu'il a voulu léguer à Marie comme le magnifique testament de son amour : aussi est-ce Marie qui gardera sa tombe ; il reposera avec honneur, il dormira en paix sous sa douce et puissante protection.

Il est dans l'église catholique un autre culte qui florissait pareillement au cœur de notre Evêque, je veux dire le culte des morts. Vous avez entendu cet appel, ce cri parti d'une âme émue, avec lequel il nous adjurait de vénérer les cendres des morts, de respecter leurs volontés dernières, de soulager enfin leurs souffrances. Vous connaissez les mesures que lui inspira sa piété pour les défunts, les instructions qu'il donna pour assurer à ces lieux sacrés où ils dorment, le bienfait d'une efficace protection. Toutes les populations de ce vaste diocèse ont été touchées jusqu'aux larmes, de la scrupuleuse attention avec laquelle, constamment docile aux inspirations de l'Eglise, il savait mêler à la fête joyeuse causée par sa présence, les prières et les supplications pour ceux qui ne sont plus. Ce jour-là même où il venait de sentir les premières atteintes du mal, qui devait le ravir sitôt hélas ! à notre affection, tout courbé sous le coup qui le frappe, écrasé par la souffrance, le courageux Evêque, malgré les instances qui lui sont faites, refuse de quitter l'église, avant d'avoir accompli ce grand devoir de la prière pour les morts : ce fut sa dernière cérémonie.

Dites maintenant si notre Evêque, par son zèle et par sa piété, ne fut pas le modèle de son troupeau, si le flambeau de la foi ne brilla pas dans toute sa carrière aussi vivement que le flambeau de la sagesse et de l'intelligence? *Magnifice sapientiam tractabat.*

Mais l'évêque ne doit pas être seulement homme de conviction et de prière ; il doit encore être homme d'action. Dieu ne l'a élevé sur un trône, il ne lui a mis la houlette à la main que pour travailler, agir et gouverner. Mgr Didiot avait compris cette mission ; et rendons-lui cette justice que le travail, l'excessif travail a usé prématurément sa vie.

Une des institutions fondamentales de l'Eglise, c'est l'institution

des séminaires. Tout fleurit dans un diocèse quand ces écoles sa-
crées lui donnent des prêtres; tout y dépérit quand elles sont frap-
pées de stérilité. Or, vous savez tous ici quel changement radical
dans l'organisation des séminaires, fut décidé par le Pontife, dès
son arrivée parmi nous : mesure grave qui appela l'attention du
Diocèse tout entier, et, pourquoi ne le dirions-nous pas? qui suscita
des objections. Des prêtres zélés dont nous admirions justement le
talent et les vertus, ne semblaient-ils pas atteints par cette mesure?
Le clergé séculier se trouvait-il donc convaincu tout-à-coup d'im-
puissance dans l'éducation cléricale? Messieurs, remontons à
l'époque dont il s'agit, et nous verrons que le Pontife a rendu
pleine et éclatante justice aux hommes dévoués qui dirigeaient
alors nos séminaires. « Nous savons, disait-il, ce que le Diocèse
» doit à leur zèle intelligent et éclairé; et, si jamais nous pouvions
» l'oublier, les travaux et les succès de plus de six cents prêtres
» formés à leur école, suffiraient pour nous rappeler cette dette
» sacrée de la reconnaissance que, Dieu merci, nous ne décline-
» rons jamais. » Quelle était donc à ses yeux la nécessité de cette
mesure? Elle était, Messieurs, dans la stabilité indispensable à
tout professorat. L'enseignement est par lui-même chose trop grave,
trop sacrée pour qu'on puisse s'y livrer seulement à titre provi-
soire; il faut qu'on s'y prépare de longue main; il faut que la
vertu, le savoir et l'expérience de chacun deviennent le patrimoine
de tous, et forment comme un trésor commun qui, loin de se dissi-
per avec le temps, s'accroisse avec les années. Voilà pourquoi
l'avenir des séminaires fut la première pensée de Monseigneur à
son entrée dans le Diocèse. Et disons-le avec le sentiment d'une
profonde reconnaissance, l'avenir de nos séminaires a été encore
sa dernière pensée : il les aimait à l'égal de sa famille. Quel signe
en effet plus distinctif de la famille que l'héritage? Celui-là n'est-il
pas de la famille, le membre le plus cher de la famille, qui est appelé à recueillir la part la plus abondante de l'héritage paternel?
« Quoique j'aime sincèrement mes sœurs, écrit dans son testament
» le vénéré Pontife, je ne laisse à la plus jeune qu'une rente via-
» gère, parce que je considère comme de rigoureuse justice que
» les biens recueillis au service de l'Eglise, ne peuvent devenir le
» patrimoine des familles, mais qu'ils doivent être employés à la
» gloire de Dieu et de l'Eglise. » — Elèves du sanctuaire, dites

maintenant, vous a-t-il aimés? Et ici, je ne sépare pas ma cause de la vôtre : il nous a aimés nous qu'il a trouvés sur les bancs ; il vous a aimés vous et tous ceux qui, dans la suite des temps, viendront s'y asseoir après vous, pour la gloire de notre beau diocèse. Tous les ans, un prêtre sortant de cette pieuse retraite, ira porter à l'autel, avec les prémices de son sacerdoce et sous l'invocation de saint Charles, le souvenir de celui qui honora dans sa personne, ce grand nom de Charles, aujourd'hui quatre fois cher à l'église de Bayeux.

Tranquille sur la direction des séminaires et par conséquent sur le bien des âmes qui lui sont confiées, le cœur du Pontife se dilate; les vastes limites de son diocèse ne suffisent pas au zèle qui le dévore : Dieu a déposé dans ce grand cœur une charité active et vraiment catholique. — Il y a, par de là les mers, des âmes trop nombreuses qui gémissent dans l'indigence de la vérité; et ces âmes, elles sont sœurs des nôtres. N'est-ce pas à nous, riches des lumières du Christianisme, d'aller au secours de leur misère? L'Œuvre de la Propagation de la Foi existe dans le diocèse; notre Evêque sent le besoin de la développer encore ; vite, il se met à l'œuvre; il écrit, vous savez avec quel éclat! il parle, il encourage, il stimule. Partout il communique une impulsion puissante et féconde. L'Œuvre grandit: c'est un arbre dont les rameaux couvrent bientôt le diocèse tout entier; et aujourd'hui, ce diocèse de Bayeux, il s'honore de plus de vingt mille associés à l'Œuvre de la Propagation de la Foi ; il prend place, avec un légitime orgueil, aux premiers rangs dans les annales de la Charité ; et le nom de son Evêque, de Mgr Didiot, est célébré, il est béni dans les Deux-Mondes.

Des circonstances qu'il n'avait point faites lui-même, ont placé notre Pontife en présence d'un changement toujours périlleux, parce qu'il éveille et met trop d'intérêts en jeu; je veux parler du changement de liturgie. Je n'ai pas à discuter ici la question au point de vue doctrinal. La liturgie, vous le savez, c'est l'expression pratique de la foi : c'est donc au Vicaire de Jésus-Christ, à celui que Dieu a constitué le gardien de la foi sur la terre, qu'appartient le droit exclusif de régler cette expression de la vérité catholique. Mais dans une sphère inférieure, l'introduction d'une liturgie nouvelle ne peut manquer de soulever des questions d'une autre nature;

elle entraine pour les fidèles et surtout pour nos églises, une dé-
pense nécessaire sans doute, mais toujours onéreuse. Le Pontife
n'a rien ignoré : mieux que personne il a su quel triste mobile
quelques-uns prêtaient à ses actes ; sa bouche est restée muette ; il
attendait son heure. Prêtres vénérables que la vieillesse ou l'infir-
mité viennent arrêter dans la carrière du sacerdoce, il pensait à
vous ! Son cœur vraiment épiscopal sentait vos privations, et souffrait
de vos souffrances. La Providence lui offrait le moyen de vous al-
léger le fardeau : qui donc oserait l'accuser de l'avoir mis à profit?
Vous vous souvenez, vénérés confrères, de la simplicité avec laquelle le Pontife, dans une de nos dernières retraites, annonçait
au Clergé tout entier, qu'il venait de mettre à la disposition de la
caisse diocésaine, la totalité des ressources que la Providence lui
envoyait pour les vétérans du sacerdoce. Ah ! qu'importe maintenant l'opinion des hommes ? Il est chéri de Dieu, l'Evêque qui aime
et honore ainsi la vieillesse. *Qui honorat senem, hunc diligit
Dominus.*

La réorganisation des séminaires, la Propagation de la Foi, la
caisse des Prêtres âgés et infirmes, c'en est assez, n'est-ce pas,
pour remplir et illustrer tout un épiscopat? Mais je n'ai pas tout
dit : ce qui me touche le plus profondément en étudiant la vie de
notre Pontife, c'est son amour filial pour l'Eglise et les actes par
lesquels il a manifesté cet amour.

Si l'on veut connaître à fond son dévoûment à l'Eglise, il faut
relire toute la série de ses instructions pastorales. C'est à ces pages
émouvantes de nous dire comme il possédait dans tous ses détails
l'histoire de l'Eglise; comme il savait faire ressortir toutes ses
gloires ; comme il comprenait la haute mission sociale et civilisa-
trice qu'elle est appelée à remplir au milieu du monde: et chez lui,
ce n'était pas une vaine et brillante spéculation d'esprit. Vous
connaissez tous les malheurs de l'Eglise à notre époque; mais ce
que vous ne connaîtrez jamais assez, c'est la part que prenait aux
douleurs du Pontife suprême notre Evêque vénéré. Deux fois il
entreprit le voyage de la ville éternelle. Dans le premier, se sou-
venant du serment qu'il avait prêté au jour de sa consécration, il
allait, pasteur docile, comme la plus humble des brebis, rendre
compte de quatre années d'administration. Ce qu'il voulait voir, ce
n'étaient pas les merveilles de la Rome antique et moderne, c'était

Pierre vivant dans son immortel successeur. « Nous l'avons vu, s'écrie-t-il, ce noble et saint vieillard, si indignement méconnu par ses ennemis, mais si grand dans l'amour de ses enfants. » Il l'avait vu, il lui avait parlé de son clergé, de son peuple de Bayeux, des besoins de son troupeau comme des espérances qu'il fondait sur lui ; et de retour au milieu des siens, il épanche dans une admirable Lettre, les sentiments dont son cœur débordait. — Deux ans plus tard, Pie IX, au milieu de ses angoisses, réclame la présence et les consolations de ses frères dans l'épiscopat. Il s'agissait d'ailleurs de célébrer un de ces grands triomphes de la mort et de la foi que l'église catholique seule peut célébrer. Malgré la souffrance qui déjà l'envahissait, notre Evêque n'hésite pas. Ecoutons-le nous racontant lui-même sa seconde entrevue avec le Saint-Père :

« C'est la seconde fois que je suis admis aux pieds de votre Sain-
» teté, lui dis-je en arrivant. — Je le sais bien, me répondit-il ; je
» vous ai vu il y a deux ans ; et à la distance où vous êtes de Rome,
» je n'avais pas le droit de compter sur vous après une visite aussi
» récente ; mais vous avez voulu consoler votre Père, l'encourager,
» le soutenir : soyez-en béni ! — Saint-Père, répondis-je, je viens de
» grand cœur. Mais je n'ai pas exclusivement le mérite de cette dé-
» marche ; mon clergé et mes diocésains la désiraient si manifeste-
» ment que, quand mon inclination ne m'y eût pas poussé, j'aurais
» dû obéir aux vœux des populations. »

Vous étiez dans le vrai, cher et vénéré Pèlerin ! Car tous nous étions avec vous : nous y étions par le cœur ; tous, de cœur, avec vous, nous avons salué, acclamé le Père commun de nos consciences. Et le Diocèse entier a su accomplir les devoirs de la piété filiale avec une générosité qui étonna, qui attendrit ce Père infortuné. Aussi, lorsque naguères de pieux messagers de notre charité lui portaient notre riche offrande : « C'est trop, mes enfants, disait-il, c'est trop ! » Et ce mot, mes frères, il fait notre consolation et notre orgueil ; il a fait surtout la consolation de l'illustre Prélat qui écrivait alors en quittant Rome : « Je suis fatigué ; mais
» qu'à cela ne tienne ! je ne donnerais pas les joies de mon voyage
» pour une santé meilleure. *Servons Dieu et l'Eglise avec ce*
» *qu'il nous donne.* La médaille magnifique que m'a envoyée
» Pie IX, est un monument de famille ; j'espère la laisser à ma
» famille spirituelle. »

Eglise de Bayeux, vous aviez en effet une part de choix dan[s]
l'affection de Celui qui vous fut donné pour époux ! Il aimait votr[e]
gloire ; et s'il provoquait, s'il encourageait parmi son clerg[é]
l'étude des sciences ecclésiastiques, dans ces Conférences au[x]
quelles il attachait tant de prix, il était fier de voir fleurir, à s[es]
côtés, un zèle si intelligent, si dévoué pour recueillir, pour trans[-]
mettre aux âges futurs, dans leur impartiale vérité, les faits q[ui]
vous appartiennent. Il vous aimait surtout, antique basilique, q[ui]
avez eu les premières et les plus constantes sollicitudes de so[n]
épiscopat ! C'était, dans ses dernières années, sa plus douce con[-]
solation de vous contempler sortant de vos ruines, et reconquérar[t]
successivement vos splendeurs anciennes. Oui, tout, Messieurs[,]
dans cette enceinte, proclame la munificence du Prélat qui n'e[st]
plus : et la voix sonore de nos cloches, et les harmonieux accent[s]
de nos orgues, et cette Chapelle revêtue par lui de tout l'éclat don[t]
elle brille. Ah ! si les hommes indifférents ou ingrats pou[-]
vaient oublier ses largesses, ici, mes frères, les pierres elles-mêm[es]
parleraient ; et ces piliers qui, vainqueurs d'une ruine imminent[e]
s'élèvent aujourd'hui jeunes et triomphants vers le ciel, et ces ad[-]
mirables faisceaux de gracieuses colonnes, rediraient l'œuvr[e]
merveilleusement accomplie par un Evêque, qui fut ainsi comme u[n]
second fondateur. Oui, saint et illustre Evêque, votre nom ser[a]
inscrit à jamais, à côté du nom de ceux qui jetèrent les fondement[s]
de ce splendide édifice ; et quels qu'ils fussent, je ne crains pas d[e]
le dire, vous étiez leur égal par l'élévation de vos pensées, la ten[-]
dresse de votre piété, par votre amour, en un mot, pour la beaut[é]
de la maison du Seigneur. Pourquoi faut-il que vous n'ayez p[u]
voir de vos yeux ravis, l'achèvement, le couronnement de cett[e]
œuvre, objet de votre prédilection ! Du moins, lorsque vous venie[z]
à peine d'échapper à la mort, encore tout défaillant, vous avez di[t]
par votre présence, bien plus que par vos paroles, les sollicitude[s]
de votre cœur ; vous avez trouvé dans le Ministre éminent (1) qu[i]
vous accueillait avec une déférence, j'oserais dire filiale, une âm[e]
émue et sympathique : vos vœux seront exaucés !

Mgr Didiot fut l'homme des bonnes œuvres. Aussi comme i[l]
était heureux, mes frères, de ces œuvres si nombreuses que votre

____

(1) S. Exc. M. Baroche, ministre de la justice et des cultes.

charité ne cesse d'enfanter, et que nous envient les plus illustres églises du monde catholique ! Comme il applaudissait récemment encore à l'établissement de l'Œuvre des Campagnes ! Comme il se réjouissait de voir son diocèse, riche plus qu'aucun autre peut-être de ces maisons religieuses prêtes à pourvoir à tous les besoins ! Comme toujours il encouragea parmi nous la résurrection des ordres monastiques ! Saints prêtres formés à l'apostolat sous les auspices de Marie, enfants de saint François d'Assise, et vous enfin, fils de saint Norbert, vous garderez le souvenir du Pontife qui venait se consoler au milieu de vous, par la vue de cette règle qu'il appréciait tant, par la vue du bien que vous ne cessez d'accomplir avec un dévoûment que rien ne saurait lasser.

En un mot, mes frères, et c'est par là que je termine, Mg⟨r⟩ Didiot vécut pour son Diocèse et pour l'Eglise. C'est à l'Eglise qu'il a donné sa dernière pensée, la dernière affection de son cœur. Ecoutez plutôt cet aveu suprême dont la mort nous a livré le secret : « Je déclare en terminant vouloir mourir entre les bras de » l'Eglise catholique, apostolique et romaine, ma mère. Dieu qui lit » au fond des cœurs sait qu'elle a toujours été le premier objet de » mon amour ici-bas. Les épreuves que son auguste Chef a subies » dans ces dernières années, ont été la plus grande peine de ma vie. » Je prie Dieu de les abréger et d'y mettre un terme. » — Dieu sait pourtant si les épreuves à lui-même lui avaient manqué, si sa vie tout entière n'en avait pas été remplie ! Oui certes, il a connu la souffrance, cette voie douloureuse par laquelle le Très-Haut ne manqua jamais de faire passer les âmes qu'il aime, les grandes âmes, celles qui ressemblent le plus à son divin Fils. Il a bu abondamment ces eaux amères de la tristesse qui trempent le caractère chrétien, et lui communiquent la vertu souveraine du dévoûment et du sacrifice. Pour tout dire en un mot, il a parlé, il a vécu, il a souffert, il est mort en évêque ; et partout il a montré la grandeur de sa sagesse. *Magnifice sapientiam tractabat.*

Encore quelques instants, et la cruelle séparation sera consommée, et la froide pierre du sépulcre aura dérobé pour toujours à nos regards celui qui fut notre premier Pasteur. Ah ! du moins, mes frères, vous garderez le souvenir de ses leçons et de ses exemples : a vie fut une prédication continuelle ; sa mort ne saurait rester muette. Du fond de la tombe où il va descendre, il ne cessera de vous prêcher. *Defunctus adhuc loquitur*. Jamais vous ne visiterez cette tombe, sans vous rappeler tout ce qu'il fit pour son troupeau. Vous étiez les siens; il était vôtre. C'est au nom de ces liens sacrés que la mort n'a pu rompre, que je vous adjure de demeurer fidèles, je ne dis pas à sa mémoire, (que lui importent d'inutiles regrets?) mais aux leçons qu'il vous a données, aux enseignements que sa vie vient de vous proposer encore.

Pour nous, Monseigneur, pour nous, vos enfants dans le sacerdoce, avant de vous quitter, nous voulons vous dire une dernière fois, du fond de notre cœur ému, de notre âme attendrie, avec notre éternelle reconnaissance, notre éternel attachement, notre éternel amour. O Père dont nous ne verrons plus le visage, du moins nous verrons toujours vos vertus ! C'est l'image, l'image vivante que nous voulons garder de vous dans la partie la plus intime de notre âme. Oui, toujours nous nous souviendrons que votre vie de la terre a été une vie de travail, d'épreuves et d'amertume ; et, par la courageuse imitation de vos vertus, nous travaillerons à glorifier votre mémoire, à embellir votre couronne. Nous apprendrons de vous à porter avec un honneur constamment intact, le sublime caractère que nous avons reçu de vous. Chaque jour, à l'autel, nous nous rappellerons que nos mains, ces mains qui touchent l'auguste Victime, ont été consacrées par vos mains vénérables. Toujours, malgré la mort, notre foi vivra unie à votre foi, notre espérance à votre espérance, notre charité à votre charité. Nous voulons avec l'aide de Dieu, *Deo juvante*, suivre vos traces dans la vie, pour vous imiter dans la mort, et nous réunir à vous dans l'éternité.

Amen!

Caen, DOMIN, imp. de Mg^r l'Evêque de Bayeux et Lisieux, cour de la Monnaie.